essentials

essentials liefern aktuelles Wissen in konzentrierter Form. Die Essenz dessen, worauf es als „State-of-the-Art" in der gegenwärtigen Fachdiskussion oder in der Praxis ankommt. *essentials* informieren schnell, unkompliziert und verständlich

- als Einführung in ein aktuelles Thema aus Ihrem Fachgebiet
- als Einstieg in ein für Sie noch unbekanntes Themenfeld
- als Einblick, um zum Thema mitreden zu können

Die Bücher in elektronischer und gedruckter Form bringen das Expertenwissen von Springer-Fachautoren kompakt zur Darstellung. Sie sind besonders für die Nutzung als eBook auf Tablet-PCs, eBook-Readern und Smartphones geeignet. *essentials:* Wissensbausteine aus den Wirtschafts-, Sozial- und Geisteswissenschaften, aus Technik und Naturwissenschaften sowie aus Medizin, Psychologie und Gesundheitsberufen. Von renommierten Autoren aller Springer-Verlagsmarken.

Weitere Bände in dieser Reihe http://www.springer.com/series/13088

Patricia Lotz

E-Commerce und Datenschutzrecht im Konflikt

HMD Best Paper Award 2015

Patricia Lotz
München
Deutschland

ISSN 2197-6708   ISSN 2197-6716 (electronic)
essentials
ISBN 978-3-658-14160-8   ISBN 978-3-658-14161-5 (eBook)
DOI 10.1007/978-3-658-14161-5

Die Deutsche Nationalbibliothek verzeichnet diese Publikation in der Deutschen National-
bibliografie; detaillierte bibliografische Daten sind im Internet über http://dnb.d-nb.de abrufbar.

Springer Vieweg
© Springer Fachmedien Wiesbaden 2016
Das Werk einschließlich aller seiner Teile ist urheberrechtlich geschützt. Jede Verwertung, die
nicht ausdrücklich vom Urheberrechtsgesetz zugelassen ist, bedarf der vorherigen Zustimmung
des Verlags. Das gilt insbesondere für Vervielfältigungen, Bearbeitungen, Übersetzungen, Mikro-
verfilmungen und die Einspeicherung und Verarbeitung in elektronischen Systemen.
Die Wiedergabe von Gebrauchsnamen, Handelsnamen, Warenbezeichnungen usw. in diesem
Werk berechtigt auch ohne besondere Kennzeichnung nicht zu der Annahme, dass solche Namen
im Sinne der Warenzeichen- und Markenschutz-Gesetzgebung als frei zu betrachten wären und
daher von jedermann benutzt werden dürften.
Der Verlag, die Autoren und die Herausgeber gehen davon aus, dass die Angaben und
Informationen in diesem Werk zum Zeitpunkt der Veröffentlichung vollständig und korrekt
sind. Weder der Verlag noch die Autoren oder die Herausgeber übernehmen, ausdrücklich oder
implizit, Gewähr für den Inhalt des Werkes, etwaige Fehler oder Äußerungen.

Das Manuskript wurde bereits veröffentlicht als Lotz, P.: E-Commerce und Datenschutzrecht im
Konflikt. HMD – Praxis der Wirtschaftsinformatik 52 (2015), 302, S. 192–202.

Gedruckt auf säurefreiem und chlorfrei gebleichtem Papier

Springer Vieweg ist Teil von Springer Nature
Die eingetragene Gesellschaft ist Springer Fachmedien Wiesbaden GmbH

Vorwort

Der prämierte Beitrag

E-Commerce-Lösungen unterliegen einer rasanten Entwicklung. Durch den Einsatz von neuen Technologien zur Analyse von Nutzerdaten entstehen für die Betreiber von E-Commerce attraktive Potenziale zur Optimierung von Werbemaßnahmen und Absatzchancen. Dem steht entgegen, dass E-Commerce-Nutzer durch gesetzliche Regelungen und die aktuelle Rechtsprechung einen Anspruch auf den Schutz ihrer Daten haben und diesen Anspruch auch zunehmend einfordern. Ein unüberwindlicher Interessenkonflikt?

In dem Beitrag arbeitet die Autorin anhand von Webtracking, Geolokalisierung, der Einbindung von Social-Media-Kanälen und User-Content sowie mobilen Zahlungsmöglichkeiten typische Fallstricke und Möglichkeiten zu deren Umgehung heraus. Anhand dieser Beispiele wird dargestellt, dass auf Basis einer fundierten Analyse der rechtlichen Rahmenbedingungen sowie deren adäquate Berücksichtigung bei der technischen Implementierung für Anbieter und Kunden im E-Commerce gangbare Lösungen möglich sind.

Der Beitragsautorin ist zu verdanken, dass die rechtlichen Rahmenbedingungen sprachlich hervorragend aufbereitet und mit den technischen Anforderungen nachvollziehbar verknüpft wurden.

Die HMD – Praxis der Wirtschaftsinformatik und der HMD Best Paper Award

Alle HMD-Beiträge basieren auf einem Transfer wissenschaftlicher Erkenntnisse in die Praxis der Wirtschaftsinformatik. Umfassendere Themenbereiche werden in HMD-Heften aus verschiedenen Blickwinkeln betrachtet, sodass in jedem Heft sowohl Wissenschaftler als auch Praktiker zu einem aktuellen Schwerpunktthema zu Wort kommen. Den verschiedenen Facetten eines Schwerpunktthemas geht ein Grundlagenbeitrag zum State of the Art des Themenbereichs voraus. Damit liefert die HMD IT-Fach- und Führungskräften Lösungsideen für ihre Probleme, zeigt ihnen Umsetzungsmöglichkeiten auf und informiert sie über Neues in der Wirtschaftsinformatik. Studierende und Lehrende der Wirtschaftsinformatik erfahren zudem, welche Themen in der Praxis ihres Faches Herausforderungen darstellen und aktuell diskutiert werden.

Wir wollen unseren Lesern und auch solchen, die HMD noch nicht kennen, mit dem „HMD Best Paper Award" eine kleine Sammlung an Beiträgen an die Hand geben, die wir für besonders lesenswert halten, und den Autoren, denen wir diese Beiträge zu verdanken haben, damit zugleich unsere Anerkennung zeigen. Mit dem „HMD Best Paper Award" werden alljährlich die drei besten Beiträge eines Jahrgangs der Zeitschrift „HMD – Praxis der Wirtschaftsinformatik" gewürdigt. Die Auswahl der Beiträge erfolgt durch das HMD-Herausgebergremium und orientiert sich an folgenden Kriterien:

- Zielgruppenadressierung
- Handlungsorientierung und Nachhaltigkeit
- Originalität und Neuigkeitsgehalt
- Erkennbarer Beitrag zum Erkenntnisfortschritt
- Nachvollziehbarkeit und Überzeugungskraft
- Sprachliche Lesbarkeit und Lebendigkeit

Alle drei prämierten Beiträge haben sich in mehreren Kriterien von den anderen Beiträgen abgesetzt und verdienen daher besondere Aufmerksamkeit. Neben dem Beitrag von Patricia Lotz wurden ausgezeichnet:

- Herterich, M.; Uebernickel, F.; Brenner, W.: Nutzenpotentiale cyber-physischer Systeme für industrielle Dienstleistungen 4.0. HMD – Praxis der Wirtschaftsinformatik 52 (2015), 305, S. 665–680.

- Schacht, S; Reindl, A.; Morana, S; Maedche, A.: Projekterfahrungen spielend einfach mit der ProjectWorld! – Ein gamifiziertes Projektwissensmanagementsystem. HMD – Praxis der Wirtschaftsinformatik 52 (2015), 306, S. 878–890.

Die HMD ist vor mehr als 50 Jahren erstmals erschienen: Im Oktober 1964 wurde das Grundwerk der ursprünglichen Loseblattsammlung unter dem Namen „Handbuch der maschinellen Datenverarbeitung" ausgeliefert. Seit 1998 lautet der Titel der Zeitschrift unter Beibehaltung des bekannten HMD-Logos „Praxis der Wirtschaftsinformatik", seit Januar 2014 erscheint sie bei Springer Vieweg. Verlag und HMD-Herausgeber haben sich zum Ziel gesetzt, die Qualität von HMD-Heften und -Beiträgen stetig weiter zu verbessern. Jeder Beitrag wird dazu nach Einreichung doppelt begutachtet: Vom zuständigen HMD- oder Gastherausgeber (Herausgebergutachten) und von mindestens einem weiteren Experten, der anonym begutachtet (Blindgutachten). Nach Überarbeitung durch die Beitragsautoren prüft der betreuende Herausgeber die Einhaltung der Gutachtervorgaben und entscheidet auf dieser Basis über Annahme oder Ablehnung. Jedes Heft wird zudem nach Erscheinen von einem HMD-Herausgeber hinsichtlich Ausgewogenheit, Vollständigkeit und Qualität der einzelnen Heftbausteine begutachtet. Daraus gewonnene Erkenntnisse tragen zur Weiterentwicklung der Zeitschrift und zur Verbesserung des Betreuungsprozesses durch die Herausgeber bei.

Stuttgart
Walldorf

Hans-Peter Fröschle
Stefan Meinhardt

Bibliografische Informationen

Lotz, P.: E-Commerce und Datenschutzrecht im Konflikt. HMD – Praxis der Wirtschaftsinformatik 52 (2015), 302, S. 192–202.

Inhaltsverzeichnis

1 Mehr als nur eine Klausel im Impressum – Webtracking.......... 1
2 Wo Du bist, zeigt wer Du bist – Geolokalisierung................ 7
3 I like & Co. – Einbindung von Social-Media-Kanälen
  und User-Content... 11
4 Pay now – Mobile Zahlungsmöglichkeiten...................... 13

Literatur... 17

Mehr als nur eine Klausel im Impressum – Webtracking

Webtracking (alternativ u. a. auch als Web Analytics, Web-Controlling oder Traffic-Analyse bezeichnet), ist die Sammlung und Auswertung des Verhaltens von Besuchern auf Webseiten (Wikipedia 2015). Grundsätzlich ist dieses Verfahren nicht neu, sondern wird seit einigen Jahren angewendet, wenn auch die Möglichkeiten der Analyse immer genauer und differenzierter werden, wie z. B. die Auswertung von Mouse-Bewegungen auf einer Webseite.

Zwischenzeitig können Anbieter von Webtracking (sog. Tracker) sogar Verbraucher durch das Internet verfolgen und somit Interessen anhand eines Bewegungsprofils analysieren (Stichwort: Cross-Domain-Tracking) (Schneider et al. 2014). Durch die Einführung von internetfähigen Gebrauchsgegenständen, wie z. B. Fernseher, wird auch die Palette von Endgeräten, die durch Tracker verfolgt und zu einem möglichst genauen und differenzierten Nutzerprofil zusammengeführt werden können immer breiter.

Für den Online-Händler hat der Einsatz von Webtracking bei konsequenter Anwendung zahlreiche Vorteile. Er kann z. B. die Besucherzahlen seiner Webseiten mit den tatsächlichen Verkaufsabschlüssen vergleichen sowie die Attraktivität einzelner Angebote feststellen und Werbemaßnahmen anhand dieser Kenntnisse optimieren. Von den Trackern werden hierzu in aller Regel statistische Auswertungen des Nutzerverhaltens zur Verfügung gestellt.

Zu beobachten ist daher schon seit einigen Jahren, dass Online-Händler vermehrt Analyse-Tools einsetzen und in ihrem Impressum oder in ihren Datenschutzerklärungen einen Hinweis auf diesen Einsatz geben. In Deutschland verbreitet sind dabei insbesondere Google Analytics, E-Tracker oder Piwik.

Vielen Online-Händlern ist jedoch nicht bewusst, dass die reine Integration eines datenschutzrechtlichen Hinweises nicht ausreicht, um Webtracking rechtskonform auszuüben. Für eine rechtskonforme Anwendung von Webtracking ist wichtig, dass der Anwender diese vielfach als Mustertext vom Tracker vorgegebenen Klauseln auch „lebt", also versteht, was diese beinhalten und welche Vorkehrungen er technisch und organisatorisch treffen muss, damit diese Klauseln keine reinen „Lippenbekenntnisse" bleiben.

Bereits im November 2009 haben die Aufsichtsbehörden erstmals für den Datenschutz Richtlinien herausgegeben, welche beim Webtracking zu beachten sind. Diese Vorgaben beruhen auf den Bestimmungen des Telemediengesetzes (TMG) und des Bundesdatenschutzgesetzes (BDSG), sind also nicht nur unverbindliche Verhaltensvorschläge, sondern fassen die gegenwärtige gesetzliche Lage in Deutschland zusammen. Entscheidend ist hiernach beim Einsatz von Webtracking, dass

- entweder eine explizite und informierte Einwilligung des Nutzers in das Webtracking vorliegt (vgl. §§ 28 Abs. 3 und 3a, 4a BDSG).

oder, da dieses in der Praxis kaum geschieht und für den Online-Händler auch bei konsequenter Umsetzung Traffic-Verluste bedeuten würde, die folgenden Punkte erfüllt sind:

- Übermittlung nur gekürzter IP-Adressen an den Tracker
- Vorliegen einer Widerspruchsmöglichkeit und einer Möglichkeit des Löschens von Altdaten
- Keine Zusammenführung erhobener und verarbeiteter pseudonymisierter Daten mit personenbezogenen Daten
- Anpassung des Datenschutzhinweises
- Abschluss eines Vertrages über die Auftragsdatenverarbeitung mit dem Tracker

Um diese Anforderungen zu verstehen, muss man sich folgendes vor Augen führen: Das Sammeln und Auswerten von Daten wird immer dann problematisch, wenn es sich um Daten mit Personenbezug handelt. Das deutsche Bundesdatenschutzgesetz erlaubt das sogenannte Nutzen (als Überbegriff für alle Verwendungsarten) von personenbezogenen Daten nur, wenn es durch eine gesetzliche Vorschrift erlaubt ist oder eine explizite Einwilligung des Betroffenen in die Nutzung seiner Daten zum jeweiligen Zweck vorliegt. Ergänzend bestimmt § 15 Abs. 3 TMG, dass der Betreiber einer Webseite zum Zwecke der Werbung, der Marktforschung oder zur bedarfsgerechten Gestaltung der Telemedien Nutzungsprofile bei Verwendung von Pseudonymen erstellen darf, sofern der betroffene Internetuser nicht von seinem Widerspruchsrecht Gebrauch macht, über welches er wiederum zu unterrichten ist.

1 Mehr als nur eine Klausel im Impressum – Webtracking

Weshalb die Aufsichtsbehörden für den Datenschutz[1] Webtracking überhaupt an den Regelungen des BDSG messen, erschließt sich nicht sofort. Schließlich werden die gesammelten Daten in aller Regel dazu verwendet, um die Bewegungen auf einer Webseite statistisch, also anonymisiert oder jedenfalls pseudonymisiert aufbereitet darzustellen. Im Sinne des § 3 Abs. 6 BDSG heißt Anonymisieren das Verändern personenbezogener Daten derart, dass die Einzelangaben über persönliche oder sachliche Verhältnisse nicht mehr oder nur mit einem unverhältnismäßig großen Aufwand an Zeit, Kosten und Arbeitskraft einer bestimmten oder bestimmbaren natürlichen Person zugeordnet werden können. Pseudonymisieren ist dagegen nach § 3 Abs. 6a BDSG das Ersetzen des Namens und anderer Identifikationsmerkmale durch ein Kennzeichen zu dem Zweck, die Bestimmung des Betroffenen auszuschließen oder wesentlich zu erschweren.

Da dieses Thema auch bei den folgenden Abschnitten ebenfalls von Wichtigkeit sein wird, soll daher an dieser Stelle zunächst kurz auf die Frage eingegangen werden, was überhaupt Daten mit Personenbezug im rechtlichen Sinne sind. Hierzu findet sich in § 3 Abs. 1 BDSG die folgende Definition: „Personenbezogene Daten sind Einzelangaben über persönliche oder sachliche Verhältnisse einer bestimmten oder bestimmbaren natürlichen Person (Betroffener)." In erster Linie handelt es sich hierbei um Daten wie z. B. Name, Adresse, Telefonnummer oder die E-Mail-Adresse, also Daten, die von den gängigen Analyse-Tools in aller Regel überhaupt gar nicht erst erhoben werden.

Problematisch wird das Thema Datenschutz allerdings dann, wenn Daten erhoben werden, die für sich keine Angaben über eine natürliche Person enthalten, aber die einen Rückschluss auf eine bestimmte natürliche Person zulassen. Dieses gilt vor allem für das Erheben von IP-Adressen. Dieses leuchtet bei statischen IP-Adressen, die von annähernd jedermann einer bestimmten Person oder jedenfalls Organisation zugeordnet werden können, ein. Die meisten IP-Adressen werden derzeit jedoch dynamisch vergeben, sodass eine direkte Rückverfolgung nicht möglich ist. Allerdings, wenn auch nur unter bestimmten Bedingungen und rechtlich stark reguliert, ist es grundsätzlich dennoch möglich unter Einschaltung des Providers die dynamisch vergebenen IP-Adressen einem konkreten Nutzer zuzuordnen. Vor diesem Hintergrund wird vor allem von den Aufsichtsbehörden vertreten, dass es sich bei IP-Adressen um personenbezogene Daten handelt.[2]

---

[1] Verantwortlich sind in Deutschland für die Aufsicht die jeweiligen Landesbeauftragten für den Datenschutz.
[2] Der BGH hat nunmehr mit Beschluss vom 28.10.2014, VI ZR 135/13 die Frage, ob IP-Adressen personenbezogene Daten sind dem EuGH vorgelegt.

Da Webtracking bereits aktiv wird sobald der Internetuser eine Seite besucht, scheidet für die meisten Online-Händler ein „Einwilligungs-Modell" aus. Dieses würde bedeuten, dass der Kunde zunächst auf eine Seite geleitet werden müsste, auf der kein Webtracking stattfindet und die der Einholung der Einwilligung dient. Die Aufsichtsbehörden für den Datenschutz stellen dabei sehr hohe Anforderungen an die zu erteilenden Informationen (Namentliche Bezeichnung des Webseitenbetreibers, Bezeichnung aller Dritter, an die Daten übermittelt werden, ggf. Adressangaben, besonderer Hinweis bei der Übermittlung von Daten in das Ausland, Bezeichnung der gesammelten und übermittelten Daten, Erläuterung des Zwecks der Datenerhebung- und Übermittlung, genaue Bezeichnung der Einflussmöglichkeiten des Kunden sowie Folgen für das Internetangebot, wenn Gegenmaßnahmen ergriffen werden) (Baumgartner und Ewald 2013). Das „Einwilligungs-Modell" wird jedenfalls für den Online-Warenhändler in der Regel nicht praktikabel sein. Anbieter von Dienstleistungen (z. B. Dating-Plattformen oder Plattformen mit lokalen und ortsbezogenen Freizeitempfehlungen) könnten sich je nach Geschäftsmodell jedenfalls überlegen, ob durch das Vorschalten einer solchen Aufklärung nicht sogar das Vertrauen in ihr Angebot erhöht wird.

Entscheidet man sich gegen diese Einwilligungs-Variante, ist das Folgende zu beachten: Kernforderung der Aufsichtsbehörden ist, dass an den Tracker durch den Online-Händler keine vollständigen, sondern nur gekürzte IP-Adressen übermittelt werden. Diese lassen zwar einen Rückschluss, z. B. auf eine bestimmte Region zu, allerdings ist das Identifizieren einer bestimmten Person durch das Löschen der letzten Bits der IP-Adresse nicht mehr möglich. Hierzu wird häufig die Code-Erweiterung anonymizelp eingesetzt.

In den gängigen Klauseln zum Einsatz von Google Analytics wird daher sinngemäß aufgenommen, dass mithilfe dieser Erweiterung eine verkürzte IP-Adresse weiterverarbeitet wird.

Wichtig ist jedoch zu wissen, dass anonymizelp keine Standardeinstellung ist. Der Tracking-Code muss daher vom Betreiber der Webseite in jedem Einzelfall händisch angepasst werden.[3] Dieses wird von zahlreichen Webseitenbetreibern versäumt.

Neben dieser Anonymisierung der IP-Adresse durch Wegkürzen der hinteren Bits, verlangen die Aufsichtsbehörden, dass dem Internetuser eine Widerspruchsmöglichkeit eingeräumt wird. In den gängigen Google Analytics-Klauseln finden

---

[3]Anleitungen hierzu finden Sie unter https://developers.google.com/analytics/devguides/collection/analyticsjs/advanced#anonymizelp sowie unter https://support.google.com/analytics/answer/2763052?hl=en.

sich Formulierungen, die zum Ausdruck bringen, dass der Datenerhebung und -speicherung jeder Zeit mit Wirkung für die Zukunft durch den Nutzer widersprochen oder alternativ durch den Nutzer das Deaktivierungs-Add-on von Google Analytics unter der URL http://tools.google.com/dlpage/gaoptout?hl=de verwendet werden kann.

Nach Angaben von Google weist das Add-on das auf Webseiten ausgeführte JavaScript von Google Analytics an, das Senden von Informationen an Google Analytics nicht zu gestatten.[4] Etwas einfacher ist die Lösung bei Piwik. Dieser Anbieter stellt eine Opt-Out-Lösung für seine Kunden zur Verfügung. Beiden Lösungen ist jedoch gemein, dass sie erst nachträglich erfolgen können, also zu einem Zeitpunkt, an dem die Webseite bereits Daten durch den Internetuser erhoben hat. Das nachträgliche Löschen von Daten kann sich aber – wie noch gezeigt werden wird – kompliziert darstellen.

Das Deaktivierungs-Add-On von Google ist zudem nur für einige, wenige Browser konzipiert, vor allem nicht für mobile devices. Dieses wurde lange von den Aufsichtsbehörden kritisiert. Google bietet daher seit ca. zwei Jahren eine weitere Möglichkeit durch Setzen eines Opt-out-Cookies an.[5] Diese relativ neue Möglichkeit wird in den gängigen Google Analytics-Klauseln meist noch nicht berücksichtigt. Zukünftig sollte aber auch diese Möglichkeit des Widerspruchs unter Angabe der entsprechenden Verlinkung durch den Webseitenbetreiber angegeben werden.

Vielfach zu beobachten ist, dass Online-Händler zwar entsprechende Klauseln aufnehmen, aber die erforderlichen Links zum Deaktivierungs-Add-on bzw. für das Downloaden des Opt-Out-Cookies entweder komplett fehlen, nur unzutreffend wiedergegeben oder jedenfalls nicht aktiviert sind. Es ist daher zu empfehlen, diese Verlinkungen gelegentlich zu testen.

Problematisch wird es, wenn ein Internetuser sein Löschungsrecht geltend macht oder für den Online-Händler eine Löschungspflicht für Altdaten entsteht, weil er bislang sein Analyse-Tool nicht rechtskonform angewandt hat.

Ein isoliertes Löschen von Altdaten sehen viele Analyse-Tools, vor allem auch Google Analytics, nicht vor, sodass nur ein vollständiges Löschen des Analyseprofils und Anlegen eines datenschutzkonformen neuen Profils möglich ist. Hierbei ist ein erheblicher Datenverlust in Kauf zu nehmen.

---

[4]Informationen und den weiterführenden Link zur Deaktivierung finden Sie unter https://support.google.com/analytics/answer/181881?hl=de.
[5]Eine Anleitung finden Sie unter https://developers.google.com/analytics/devguides/collection/gajs/?hl=de#disable.

Geradezu selbstverständlich sollte sein, dass durch Webtracking erhobene und pseudonymisierte oder anonymisierte Daten nicht mit personenbezogenen Daten zusammengeführt werden dürfen.

Webtracking kann Auftragsdatenverarbeitung im Sinne des § 11 BDSG sein. Dieses insbesondere dann, wenn doch im Einzelfall trotz aller Vorkehrungen personenbezogene Daten ohne explizite Einwilligung des Nutzers an den Tracker zur weiteren Verarbeitung übermittelt werden. Die Aufsichtsbehörden verlangen daher den Abschluss eines Vertrages über die Auftragsdatenverarbeitung mit den Trackern. Nicht selten sorgt diese Anforderung für entgeisterte Blicke in der anwaltlichen Beratung. Aber die großen Anbieter unter den Trackern bieten tatsächlich Muster zum Download für solche Auftragsdatenverarbeitungsverträge an. Google[6] z. B. unter Angabe einer Adresse in Irland. Der Erfahrung halber werden die Verträge durch die Tracker sogar sehr zeitnah gegengezeichnet und an den Webseitenbetreiber tatsächlich zurückgeschickt.

Der Datenschutzhinweis ist nach alledem nicht einfach unreflektiert in die eigene Datenschutzerklärung oder in das Impressum einzufügen, sondern stets den technischen Gegebenheiten und den aktuellen Anforderungen des Datenschutzes anzupassen. Die Aufsichtsbehörden sind sich leider teils in ihrer Beurteilung der verschiedenen Analyse-Tools nicht einig. Ein rechtskonformer Einsatz von Webtracking wird daher auch zukünftig eine genaue Beobachtung der Entwicklung der Rechtslage erfordern.

---

[6]Weiterführende Informationen und das Vertragsmuster finden Sie unter http://www.google.com/analytics/terms/de.pdf.

Wo Du bist, zeigt wer Du bist – Geolokalisierung 2

Der Begriff Geolokalisierung (Geo-Targeting, Geo-Location) beschreibt den technischen Vorgang der geografischen Lokalisation von Nutzern und Geräten im Internet (Hoeren 2008). Besonders genau ist hierbei durch die Auswertung der Funkzelle und Anwendung von GPS die Standortbestimmung von mobile devices. Die Standortbestimmung von herkömmlichen Rechnern ist dagegen etwas komplizierter und im Ergebnis auch weniger genau. Die Anbieter von Lokalisierungsmethoden verfeinern ihre Analyse-Tools jedoch immer mehr, sodass zukünftig für Marketingzwecke sehr genaues Datenmaterial zur Verfügung stehen wird.

Grundsätzlich gibt es verschiedene Methoden zur Geolokalisierung von Rechnern, die meistens kombiniert angewandt werden. Vor allem werden Rückschlüsse aus der IP-Adresse gezogen, der Weg des Datenpakets vom Absender zum Empfänger verfolgt (Tracing) und Antwortzeiten der Server ausgewertet (Hoeren 2008). Eine Auswertung dieser Daten ermöglicht eine Standortbestimmung, die recht genau ist und einen Rechner jedenfalls einer bestimmten Region oder sogar Stadt zuordnen kann.

Online-Händler können sich diese Informationen insbesondere zur Bewerbung Ihrer Artikel nutzbar machen. So kann ein Restaurant in Berlin dafür sorgen, dass seine Werbung, insbesondere solche auf Drittseiten, nur aufgerufen wird, wenn der beworbene Internetuser auch aus Berlin kommt.

Dass die Ortung von Einzelpersonen oder Rückschlüsse auf seinen persönlichen Standort nicht unproblematisch sein können, drängt sich vermutlich jedem auf. Wer möchte schon ständig beobachtet werden oder gar wissen, dass ein komplettes Bewegungsmuster über ihn erstellt wird?

Fahndungsmethoden – wie die Funkzellenfahndung – bedürfen daher einer gesetzlichen Grundlage (§ 100 i StPO). Im privatrechtlichen Bereich regelt daneben § 98 TMG, in welchen Fällen und unter welchen Bedingungen Standortdaten verwendet werden dürfen.

Die Ortung von Personen im Rahmen von Apps (Smartphone-Applications) bedarf der ausdrücklichen Einwilligung des Nutzers. Dieses schon vor dem Hintergrund, dass gerade im Rahmen von Apps, die Standortdaten mit persönlichen Daten in Verbindung gebracht werden können und teilweise auch sollen. Vor allem bei den privaten Diensten zeigt sich das gewandelte Bewusstsein der Verbraucher. Während die Funkzellenfahndung durch Ermittlungsbehörden den unangenehmen Beigeschmack eines Big Brothers hat, entschließen sich viele und vor allem junge Nutzer ganz freiwillig dazu, dass ihre Standortdaten an Freunde übermittelt werden oder an Unternehmen, um Empfehlungen (z. B. Restaurant, Post, Arzt in der Nähe) zu erhalten. Teilweise wird sogar die Zustimmung dafür erteilt, dass Standortdaten neben anderen persönlichen Daten an völlig unbekannte Personen übermittelt werden (z. B. bei Dating-Apps).

Die Einwilligung in die Verwendung und Übermittlung von Standortdaten lässt sich über Apps mittlerweile gut organisieren. Die gängigen Betriebssysteme sehen für App-Entwickler Bausteine vor, die eingeblendet werden können, einen Button für die Einwilligung vorhalten und auch den Hinweis enthalten, dass die Einwilligung über die Einstellungen des Smartphones jeder Zeit widerrufen werden kann.

Im Falle der Geolokalisierung von Rechnern ist die Situation wiederum etwas komplizierter. Es gibt zwar zwischenzeitig Internetangebote, die explizit nach einer Erlaubnis der Verwendung von Standortdaten fragen, jedoch ist dieses – soweit ersichtlich – eher die Ausnahme. Meistens findet die Geolokalisierung im Rahmen des Webtrackings statt, ohne dass eine explizite Einwilligung des Internetusers hierzu eingeholt wird. Dennoch werden Daten durch den Nutzer erhoben, und zwar vor allem auch die IP-Adresse, die – wie bereits aufgezeigt – als personenbezogenes Datum, insbesondere durch die Aufsichtsbehörden verstanden wird.

Für eine Geolokalisierung gilt daher dem Grunde nach das gleiche, wie beim Webtracking. Die Anwendung von Geolokalisierung bedarf einer eindeutigen und informierten Einwilligung des Nutzers Wenn diese nicht eingeholt wird, dann gelten auch hier die Grundsätze des § 15 Abs. 3 TMG. Es bedürfen demnach für die Standortbestimmung nur gekürzte IP-Adressen erhoben und vor allem übermittelt werden, der Internetuser ist darüber aufzuklären, dass ihm ein Widerspruchsrecht zusteht, Löschungsbegehren von Altdaten sind zu beachten. Auch im Falle der Geolokalisierung ist – je nach Anbieter und Lösung – an den Abschluss eines Vertrages über die Auftragsdatenverarbeitung zu denken.

Abschließend soll insbesondere solchen Anbietern, deren Geschäftsmodell wesentlich auf die Geolokalisierung aufbaut (z. B. Plattformen mit lokalen Freizeitempfehlungen), die Empfehlung mitgeben werden, sich Gedanken über das „Einwilligungsmodell" zu machen. Kombiniert mit einer sehr genauen und treffenden Information über den Zweck der Datenverarbeitung, ist dieses die sicherste Lösung sich im rechtskonformen Bereich zu bewegen. Letztlich wird diese Vorgehensweise auch dem Verständnis des Verbrauchers gerecht, der sich auf diese Weise frei entscheiden kann, ob er in das „Big Brother Haus" einziehen möchte oder nicht.

I like & Co. – Einbindung von Social-Media-Kanälen und User-Content 3

Social Plug-ins werden als sogenannte iFrames in einer Webseite eingebunden, welche es ermöglichen, Webinhalte von einer anderen externen Webseite in die jeweils aufgerufene Webseite einzubinden. Ein Verfahren, wie es z. B. auch häufig bei Kartendiensten, angewendet wird.

Kernproblem ist, dass das Integrieren von Social Plug-ins eine Verknüpfung persönlicher Daten des Mitglieds der Social-Media-Plattform (also z. B. des Facebook-Mitglieds) mit Daten ermöglicht, die auf einer dritten Seite generiert wurden (z. B. Mitglied xy mag Sportwagen der Marke z). Dieses ermöglicht dem Anbieter der meist kostenlosen Social-Media-Plattform, das Mitglied demnächst gezielt zu bewerben (also mit Reklamen von Sport- und nicht Familienwagen).

Die Verwendung der Social Plug-ins ist datenschutzrechtlich wohl eines der schwierigsten Themen. Es ist daher vorwegzunehmen, dass wirklich rechtssicher zurzeit nur derjenige ist, der auf Social Plug-ins gänzlich verzichtet.

Nach § 3 Abs. 7 BDSG ist der Webseitenbetreiber verantwortliche Stelle, für die über sein Internetangebot erhobenen Daten. Der Pferdefuß der Plug-ins liegt darin, dass die Daten gerade nicht über eine Seite von Facebook, Twitter und Co. erhoben werden, sondern über die Seite des Online-Händlers, der diese Plug-ins in seinem Webauftritt integriert hat. Deshalb sehen Datenschützer und vor allem auch die Aufsichtsbehörden an erster Stelle den Webseitenbetreiber als Ansprechpartner an. Es zeichnet sich eine Tendenz ab, dass die Aufsichtsbehörden vermehrt die Webseitenbetreiber mit oder ohne Androhung eines Bußgeldes auffordern werden, entsprechende Plug-ins zu entfernen. Die Bußgelder können dabei durchaus im Einzelfall empfindlich werden.

Es finden sich auf Webseiten zwar vermehrt im Rahmen der Datenschutzerklärungen Klauseln zur Anwendung von Social Plug-ins, jedoch sind diese nicht selten schwammig, geben letztlich Vermutungen über die Verwendung der Daten ab und verweisen auf die Datenschutzbestimmungen der Social-Media-Plattformen, die teilweise sogar nur in englischer Sprache hinterlegt sind. Solche Klauseln können nur schwerlich Grundlage für eine informierte Einwilligung des Internetusers in die Nutzung seiner Daten sein. Die Rechtslage um die Verwendung von Social Plug-ins wird daher so lange unsicher sein, wie die Anbieter der sozialen Netzwerke (Facebook, Twitter, Xing, LinkedIn, Google+ usw.) nicht offenlegen, welche Daten überhaupt an sie übermittelt werden, wenn ein Webseitenbetreiber die entsprechenden Plug-ins in seinem Internetauftritt integriert.

Letztlich scheitert hieran auch die zeitweise stark propagierte „Zwei-Klick-Lösung", bei welcher der Internetuser mit dem ersten Klick die Plug-ins erst aktiviert und mit dem zweiten Klick der Datenübermittlung zustimmt. Auch diese Lösung setzt letztlich voraus, dass der Internetuser wissen muss, welche seiner Daten an wen übermittelt werden und zu welchem Zweck.

Social Media zu Marketingzwecken zu nutzen, ohne jedoch Plug-ins zu integrieren, ist allerdings auch auf andere Weise denkbar.

Nicht wenige Online-Händler betreiben eine „Facebook-Fanseite", auf welche von der eigenen Webseite nur „verlinkt" wird. Auf diese Weise werden keine Daten zugunsten von Facebook über die eigene Webseite gesammelt, sondern nur im Rahmen der Facebook-Fanseite.

Allerdings sah der Leiter des Datenschutzzentrums in Schleswig-Holstein (ULD) auch in dieser Praktik ein datenschutzrechtliches Problem. Dieses zum einen, da über die Facebook-Fanseite durch Facebook sowohl personenbezogene Daten über registrierte und eingeloggte Mitglieder gesammelt werden (ohne, dass hierzu nach Sicht des ULD eine rechtswirksame Einwilligung erteilt worden wäre) und zum anderen jedenfalls pseudonymisierte Daten von solchen Internetusern gesammelt würden, die nicht Mitglieder bei Facebook sind. Das ULD sah hier nicht nur einen Verstoß gegen das deutsche Datenschutzrecht durch Facebook, sondern auch durch die Fanseitenbetreiber selbst. Zwischenzeitig hat der Schleswig-Holsteinische Oberverwaltungsgerichtshof entschieden, dass genau eine solche Verantwortlichkeit der Fanseitenbetreiber nicht bestände. Dieses Urteil ist jedoch noch nicht rechtskräftig. Eine Entscheidung in der Sache durch das Bundesverwaltungsgericht wird zu begrüßen sein, da es im Umgang mit Sozialen Medien in Deutschland als Marketinginstrumente für mehr Rechtssicherheit sorgen wird (Heise-Online 2014).

Entscheidet auch das Bundesverwaltungsgericht zugunsten der Fanseitenbetreiber, so wird zukünftig das Verlinken von der eigenen Webseite auf eine Facebook-Fanseite eine Alternative zum Facebook-Plug-in darstellen. Das Prinzip ließe sich zudem auf andere Social-Media-Auftritte übertragen.

4 Pay now – Mobile Zahlungsmöglichkeiten

Online-Shopping soll für den Kunden möglichst komfortabel sein. Neben einem an den Kundenwünschen optimierten Warenangebot, muss auch die Abwicklung des Rechtsgeschäfts reibungslos verlaufen, um Kaufabbrüche zu vermeiden.

Besonders kritisch ist jedoch ausgerechnet der letzte Schritt, nämlich die Bezahlung der bestellten Ware.

Hier scheinen das Interesse des Online-Händlers, die Ware erst zu versenden, wenn die Zahlung gesichert ist, mit dem Interesse des Kunden, möglichst zunächst die Ware zu erhalten und dann erst zahlen zu müssen, in einem unauflösbaren Konflikt zu stehen. Vor diesem Hintergrund sind die Zahlungsarten „Kreditkarte" oder „Vorkasse" jedenfalls auf Händlerseite beliebt. Es gibt hier allerdings Streuverluste, da nicht jeder Kunde eine Kreditkarte besitzt und „Vorkasse" längst nicht an jeden geleistet wird. Zudem ist Vorkasse aus rechtlichen Gründen (vgl. § 614 BGB) bei Dienstleistungen (anders als beim Warenhandel) in Deutschland nicht erlaubt und entsprechende Klauseln in AGB werden regelmäßig durch die Verbraucherzentralen abgemahnt.

Vor diesem Hintergrund erscheint sowohl auf Kunden- als auch Händlerseite das mobile payment eine interessante Alternative zu sein. Der Kunde muss dem Händler keine sensiblen Zahlungsdaten offenbaren und der Händler bekommt umgehend eine Rückmeldung, ob der Kunde liquide ist oder nicht.

Einen „Standard" für das mobile payment gibt es bislang noch nicht. Zu verschieden sind bislang die technischen oder vertragsrechtlichen Ansätze des mobilen payments.

Eine Analyse all dieser Dienste und Verfahren würde den Rahmen dieser Ausführungen sprengen. Es finden sich jedoch mittlerweile im Internet und in der Fachliteratur recht ausführliche rechtliche Abhandlungen über die Rechtskonformität einzelner Anbieter, wie z. B. PayPal (Nödler 2005) oder bitcoin (EBA 2014).

Vielmehr sollen an dieser Stelle einige Empfehlungen mitgegeben werden.

Grundsätzlich sollten Verträge mit Zahlungsdienstanbietern sehr genau gelesen und bei Zweifelsfragen rechtlichen Rat im Einzelfall eingeholt werden. Der Online-Händler sollte sich bei der Wahl seiner Payment-Lösung bewusst sein, für welches Verfahren genau er sich entscheidet.

Während PayPal bereits eine große Verbreitung findet, stehen viele mobile Zahlungsdienste noch in den Startlöchern. PayPal und andere Anbieter, wie z. B. Click&Buy arbeiten zwar mit unterschiedlichen Abrechnungssystemen, stehen aber letztlich in der Position eines Abwicklers zwischen Händler und Kunde. Daneben gibt es auch andere Ansätze. Interessant, aber auch heftig umstritten, ist die Lösung eine digitale Währung zu schaffen, wie es derzeit z. B. durch Bitcoin umgesetzt wird. Insbesondere von Banken wird mit dem Hinweis auf das hohe Inflationsrisiko die Legitimität einer solchen alternativen Währung angezweifelt.

Zu berücksichtigen ist auch, ob Verträge über die Abwicklung der Zahlungen mit den Anbietern der Zahlungslösungen direkt abgeschlossen werden oder nochmals ein Dienstleister dazwischen geschaltet ist. Mittlerweile gibt es zahlreiche Möglichkeiten für ein Outsourcing des Zahlungsverkehrs mit den Kunden an externe Dienstleister.

Gerade bei Einschaltung eines solchen externen Dienstleisters darf nicht übersehen werden, dass nicht unerheblich viele Kundendaten an diesen übermittelt werden müssen. Zwar enthält § 28 Abs. 1 BDSG einen Erlaubnistatbestand für das Erheben, Speichern, Verändern und vor allem auch Übermitteln von personenbezogenen Daten, wenn dieses u. a. für die Durchführung eines Rechtsgeschäfts notwendig ist, dennoch sollte daran gedacht werden, dass es sich hierbei um eine Auftragsdatenverarbeitung handeln könnte. Dieses hängt nicht zuletzt von den übermittelten Daten ab und ggf. vorliegender Kundeneinwilligungen im konkreten Einzelfall. Fragen Sie daher grundsätzlich in einem ersten Schritt bei dem gewählten Zahlungsanbieter oder ggf. dem dazwischen geschalteten Dienstleister nach, ob entsprechende Musterverträge vorgehalten werden. Da solche auch den Dienstleister in die Pflicht nehmen, ist es nicht selten, dass solche Vertragsmuster nur auf konkrete Anfrage übermittelt werden.

Prüfen Sie, ob der von Ihnen gewählte Zahlungsanbieter sicherheitstechnisch auf dem aktuellen Stand ist und welche Maßnahmen er ergreift, um dieses auch in Zukunft zu gewährleisten. Genaue Angaben hierzu finden Sie in der Anlage zum Vertrag zur Auftragsdatenverarbeitung oder in den AGB und in den Datenschutzerklärungen der Anbieter.

Eine Datenübermittlung ins Ausland bedeutet stets rechtliche Probleme. Achten Sie also darauf, dass der gewählte Zahlungsanbieter mit den Anforderungen des deutschen Datenschutzrechts vertraut ist. Bei der Übermittlung ins Nicht-EU-Ausland muss stets neben der Prüfung, ob die Übermittlung von Daten überhaupt erlaubt ist, diejenige erfolgen, ob das Drittland einen mit dem deutschen Recht vergleichbaren Datenschutzstandard hat.

Ferner sollten Sie im eigenen Interesse darauf achten, ob der Anbieter oder ein dazwischen geschalteter externer Dienstleister in seinen AGB einen Gerichtsstand im Ausland vorsieht. Dieses gilt unabhängig davon, ob es sich um EU-Ausland oder ein Drittland handelt. Ein Gerichtsstand im Ausland kann die Verfolgung von eigenen Rechten, z. B. bei Betrugsfällen, Sicherheitslücken, Rückabwicklungen, erheblich erschweren oder sogar faktisch unmöglich machen.

Das Vertrauen Ihrer Kunden setzt jedenfalls voraus, dass Sie sich für einen Zahlungsanbieter entscheiden, der eine möglichst schnelle und problemlose Abwicklung, aber auch – z. B. im Falle eines Widerrufs – Rückabwicklung gewährleistet.

Literatur

Baumgartner, U.; Ewald, K. (2013): Apps und Recht. Verlag C.H. Beck, München.
EBA European Banking Authority (2014): EBA Opinion on ‚virtual currencies'. http://www.eba.europa.eu/documents/10180/657547/EBA-Op-2014-08+Opinion+on+Virtual+Currencies.pdf. Gesehen 27. Februar 2015.
Heise-Online (2014): Datenschützer gehen in Revision gegen Urteil zu Facebook-Seiten. :http://www.heise.de/newsticker/meldung/Datenschuetzer-gehen-in-Revision-gegen-Urteil-zu-Facebook-Fanseiten-2405036.html. Gesehen 27. Februar 2015.
Hoeren, T. (2008): Geolokalisation und Glücksspielrecht. ZfWG 2008, 229–232, 311–315.
Nödler J. (2005): Der rechtliche Rahmen von Zahlungen mittels PayPal, Seminararbeit im Rahmen des General-Themas „eBay & Co. – Rechtsprobleme bei Internetauktionen, Lehrstuhl Prof. Dr. Spindler, Georg-August-Universität Göttingen. http://noedler.de/artikel/paypal-rechtlicher-rahmen.pdf. Gesehen 27. Februar 2015.
Schneider, M.; Emmann, M.; Stopczynski, M. (2014): Fraunhofer sit Webtracking Report 2014. Fraunhofer Verlag, Stuttgart.
Wikipedia (2015): Web Analytics. http://de.wikipedia.org/wiki/Web_Analytics. Gesehen 27. Februar 2015.

}essentials{

HMD Best Paper Award – *essentials* mit ausgezeichnetem Inhalt

Mit dem »HMD Best Paper Award« werden alljährlich die drei besten Beiträge eines Jahrgangs der Zeitschrift »HMD – Praxis der Wirtschaftsinformatik« gewürdigt. Die prämierten Beiträge sind nun als *essentials* verfügbar!

HMD Best Paper Award 2014

T. Walter
Bring your own Device
ISBN print 978-3-658-11590-6; ISBN eBook 978-3-658-11591-3

S. Wachter/T. Zaelke
Systemkonsolidierung und Datenmigration
ISBN print 978-3-658-11405-3; ISBN eBook 978-3-658-11406-0

A. Györy/G. Seeser/A. Cleven/F. Uebernickel/W. Brenner
Projektübergreifendes Applikationsmanagement
ISBN print 978-3-658-12328-4; ISBN eBook 978-3-658-12329-1

Printpreis **9,99 €** | eBook-Preis **4,99 €**

HMD Best Paper Award 2013

A. Wiedenhofer
Flexibilitätspotenziale heben
ISBN print 978-3-658-06710-6; ISBN eBook 978-3-658-06711-3

N. Pelz/A. Helferich/G. Herzwurm
Wertschöpfungsnetzwerke dt. Cloud-Anbieter
ISBN print 978-3-658-07010-6; ISBN eBook 978-3-658-07011-3

G. Disterer/C. Kleiner
Mobile Endgeräte im Unternehmen
ISBN print 978-3-658-07023-6; ISBN eBook 978-3-658-07024-3

Printpreis **6,99 €** | eBook-Preis **2,99 €**

Änderungen vorbehalten. Stand März 2016. Erhältlich im Buchhandel oder beim Verlag.
Abraham-Lincoln-Str. 46 . 65189 Wiesbaden . www.springer.com/essentials

GPSR Compliance
The European Union's (EU) General Product Safety Regulation (GPSR) is a set of rules that requires consumer products to be safe and our obligations to ensure this.

If you have any concerns about our products, you can contact us on

ProductSafety@springernature.com

In case Publisher is established outside the EU, the EU authorized representative is:

Springer Nature Customer Service Center GmbH
Europaplatz 3
69115 Heidelberg, Germany

www.ingramcontent.com/pod-product-compliance
Ingram Content Group UK Ltd.
Pitfield, Milton Keynes, MK11 3LW, UK
UKHW021324180426